초등학교

            학년   반

이름

공부 자신감을 키워주는

초등 알짜 공책

씨앗편

해냄

알짜공책 씨앗편, 이렇게 활용하세요

- **최고의 공부 습관을 길러주고 싶다면: 셀프 학습 체크리스트(8주)**
  자기 주도 학습은 아이 스스로 삶을 가꾸고 좋은 습관을 익히는 가장 좋은 방법입니다. 셀프 학습 체크리스트는 자기 주도 학습이 몸에 배도록 효과적으로 이끌어줍니다. 운동, 독서, 외국어 공부 등 아이와 어른 모두 유용하게 원하는 목표를 이룰 수 있게 도와준답니다.

- **예쁜 글씨를 쓰고 싶다면: 자형 연습하기**
  예쁘고 바른 글씨를 쓰려면 자형을 익혀야 합니다. 국어과 쓰기 교과서 글씨를 모델 삼아 쉽게 익힐 수 있도록 안내했습니다.

- **책의 핵심 내용을 알고 싶다면: 황금 문장 찾기(28개)**
  황금 문장은 책에서 작가가 강조하고 싶은 핵심을 담은 문장입니다. 황금 문장을 찾는 훈련을 꾸준히 하면 책을 깊이 이해하는 힘이 길러집니다.

- **쉽고 멋진 글감을 찾고 싶다면: 연꽃기법으로 글감 찾기(10개)**
  글을 쓰고 싶어도 어떻게 써야 할지 모르는 아이들이 많지요? 글감을 구체적인 내 이야기로 가져오는 연꽃기법의 기초를 함께 다져보세요.

- **공부가 쉬워지는 글쓰기를 하고 싶다면: 학습일지 쓰기(14개)**
  배우고 익히면 내 것이 됩니다. 학습일지는 일기처럼 쉽게 쓰면서 배운 내용을 꼼꼼하게 복습할 수 있는 쉬운 글쓰기 방법입니다. 학교에서 배운 내용을 복습하고 완벽하게 내 것으로 만들 수 있습니다.

- **책을 고르게 읽히고 싶다면: 독서 체크리스트(4개, 120권)**
  독서 체크리스트는 아이가 좋아하는 책뿐 아니라 잘 읽지 않던 다른 분야의 책도 함께 읽을 수 있도록 균형 잡힌 독서 습관을 길러줍니다.

처음에는 아이와 부모님이 함께 활동을 연습하는 게 좋습니다. 단계적으로 하나씩 시도해 보세요. 처음부터 완벽하기를 기대하지 말고 시간을 두고 점진적으로 나아갈 것이라고 믿고 천천히 함께하세요.

아이 혼자서도 잘 해낼 때까지 아낌없이 칭찬해 주세요. 행동이 습관으로 자리 잡으려면 적어도 두 달은 걸립니다. 씨앗 단계는 두 달의 연습을 담았습니다. 두 달 동안은 꾸준히 함께해 주시고, 칭찬과 격려로 도와주세요.

셀프 학습 체크리스트가 빨리 자리 잡으려면 가족이 함께 활용하는 게 좋습니다. 가족이 함께 책 읽기, 함께 운동하기, 함께 스마트폰 끄기 같은 다양한 활동에 도전해 보세요.

『초등 알짜공책』은 자기 주도 학습이 몸에 저절로 배도록 기초부터 심화까지 단계별로 구성했습니다. 모든 단계를 수순히 한다면 아이들의 삶이 좋은 습관과 함께 탄탄해지는 모습을 보실 수 있을 겁니다.

씨앗편은 기본적이고 기초적인 학습 습관 형성을 위한 단계입니다.
꽃편은 습관이 자리 잡고 서서히 익숙해지는 단계입니다.
나무편은 다양한 목표를 아이들이 직접 설정해 보고 여러 가지 응용을 해보는 심화 단계입니다.
열매편은 방학 특별판입니다. 특별히 초등학생은 방학이 길고 여유 시간이 많다는 점을 염두에 두고 다양한 활동을 담았습니다.

 어린이들에게 전하는 이야기

가슴에 잠들어 있는
'꿈의 씨앗'을 깨우세요!

　　　　어린이 여러분, 안녕하세요. 이 책을 쓴 작가 김성효 선생님입니다. 선생님은 초등학교에서 여러분과 같은 어린이들을 16년 동안 가르쳤어요. 지금은 교육청에서 글을 쓰는 일을 하고 있어요.

　선생님은 얼마 전에 어린이들을 위해 판타지 동화를 썼고, 선생님들과 부모님들을 위해서도 많은 책을 써왔어요. 어린이 독자 여러분을 책으로 만나게 돼서 무척 반갑고 기뻐요.

　여러분이 이 책을 읽기 전에 꼭 들려주고 싶은 이야기가 있어요. 바로 여러분 마음속에 곤히 잠들어 있는 작은 씨앗에 대한 이야기예요.

　사람의 마음 깊은 곳에는 씨앗이 하나씩 잠들어 있어요. 그 씨앗에는 우리가 원하는 모든 것을 이루고, 바라는 것을 현실로 만들어내는 힘이 있답니다.

　누구에게나 씨앗이 있고, 누구나 그 씨앗을 깨울 수도 있어요. 하지만 어떤 이는 평생 자신의 가슴에 그런 씨앗이 있는 줄도 모르고 살아요. 또 어떤 이는 어릴 때부터 씨앗을 가꾸고 돌봐서 큰 나무로 키워내죠.

　분명한 것은 눈에 보이진 않아도 씨앗이 살아 있다는 거예요. 내버려두면 그저 딱딱한 껍질 안에서 잠을 자는 평범한 씨앗에 불과하지만 여러분이 사랑으로 꾸준히 돌보면 씨앗은 반드시 싹을 틔워 튼튼한 나무로 자란답니다.

　여러분이 아는 많은 위인들도 씨앗을 가꿨답니다. 간디는 자신의 씨앗을 평화라는 나무로 키웠고 스티브 잡스는 애플이라는 나무로 키웠죠. 안중근 의 사는 독립운동이라는 나무를, 김연아 선수는 피겨 스케이팅 선수라는 나무를 키웠어요. 어린이 여러분은 자신의 씨앗을 어떤 나무로 키우고 싶은가요?

이 책은 어린이 여러분이 씨앗을 직접 가꾸고 돌볼 수 있도록 다양한 방법을 알려줄 거예요. 선생님은 교실에서 어린이들이 씨앗을 가꾸고 돌볼 수 있도록 이 책에 나온 방법대로 가르쳤어요. 수많은 어린이들이 선생님과 함께 이 책의 방법들을 활용해 보았지요.

처음엔 낯설어하거나 어려워하기도 했어요. 하지만 누구나 곧 익숙해졌어요. 나중에는 혼자서도 얼마든지 자신의 씨앗을 가꾸는 일에 집중하게 됐지요. 선생님 교실에선 어린이들이 책을 많이 읽게 됐고, 글 쓰는 것을 좋아하게 됐고, 공부에 자신감이 붙었어요. 어린이들 스스로 마음속 깊은 곳에 잠자고 있던 씨앗들을 깨운 것이죠.

 **우리 함께 약속해요**

여러분이 마음속 꿈의 씨앗에 물을 주고 돌보기 위해서 꼭 기억해야 할 일을 함께 알아볼까요?

첫째, 약속 잘 지키기

독일의 유명한 철학자 칸트 아저씨는 시간을 잘 지켰다고 해요. 매일 오후 네 시면 산책을 했는데, 항상 1분 1초도 어김없이 네 시마다 산책을 해서 동네 사람들이 칸트 아저씨를 보면서 시계를 맞췄다고 해요. 이렇게 스스로와 한 약속을 잘 지키는 것은 씨앗에서 튼튼한 싹을 틔우기 위한 첫 번째 조건이랍니다.

라틴어에 '팍타 순트 세르반다(pacta sunt servanda)'라는 말이 있어요. '약속은 지켜져야 한다'는 뜻이에요. 어릴 때부터 약속을 잘 지켜야 자라서도 많은 일들을 해낼 수 있다는 걸 꼭 기억해 주세요.

둘째, 책 많이 읽기

세상 모든 위인은 책을 많이 읽었답니다. 우리가 잘 아는 빌 게이츠는 어린 시절 도서관에 있는 모든 책을 읽었다고 해요. 미국인들이 존경하고 사랑하는 링컨 대통령은 항상 책을 가지고 다니면서 읽었다고 하지요. 하루라도 책을 읽지 않으면 입에 가시가 돋는다고 말한 김구 선생님도 있어요. 어린이 여러분도 책을 읽기 위해서 꾸준히 노력해야 해요.

조선 시대에 살았던 김득신이라는 학자가 있어요. 김득신은 책을 읽은 횟수를 기록하는 『독수기』라는 책을 썼는데, 이 책에는 1만 번 이상 읽은 책만 썼다고 해요. 『독수기』에 올라간 책만 무려 36권이에요. 처음엔 책 읽기가 힘들지 몰라도 읽으면 읽을수록 김득신처럼 책 읽는 속도가 빨라지고 읽기도 쉬워져요. 『초등 알짜공책』과 함께 꼭 독서를 즐기는 여러분이 되세요.

셋째, 내 생각을 글로 쓰기

세계에는 아주 유명한 대학교들이 있어요. 하버드 대학이나 케임브리지 대학 같은 학교들이에요. 이 학교에 입학하면 어떤 학생이든지 반드시 글쓰기를 배운다고 해요. 세계적인 인재가 되려면 글쓰기를 필수로 배워야 한다는 걸 알 수 있어요.

글을 쓰는 것은 아주 중요해요. 정확한 방법을 알고 꾸준히 쓴다면 여러분 누구라도 글을 잘 쓸 수 있어요. 글짓기 대회에 나가서 상을 받기 위해서 글을 쓰는 게 아니에요. 더 깊이 생각하고 더 넓게 세상을 보기 위해서 글을 쓰는 것이지요. 알짜공책에서도 다양한 글쓰기 방법들을 가르쳐줄 거예요. 쉽고 재미있는 방법부터 어렵지만 꼭 해봐야 하는 것까지 다양해요. 여러분이 끝까지 도전하리라 믿어요.

넷째, "나는 멋지다" 늘 다짐하기
선생님은 교실에서 가끔 너무나 자신감이 없어서 어깨가 축 처져 있는 어린이들을 보곤 했어요. 공부가 어려워서, 친구들과 어울리기 힘들어서 자신감이 부족한 친구들을 보면 참 안타까웠어요.

여러분 안에 잠들어 있는 씨앗은 여러분이 스스로 매일 "나는 멋지다"라고 다짐하고 또 다짐할 때 서서히 싹을 틔울 준비를 해요. 세상에 여러분과 똑같은 사람은 어디에도 없답니다. 그러니까 가슴을 쫙 펴고 세상을 향해 이렇게 외쳐보세요. "나는 멋지다!" 정말 그래요. 여러분은 아주 멋진 사람이에요. 세상에 딱 하나뿐인 가장 소중한 사람이지요.

우리는 이 책에서 약속 잘 지키기, 할 일 먼저 끝내기, 책 많이 읽기, 짧은 글이라도 꾸준히 쓰기, 책 읽고 황금 문장 찾기처럼 작고 사소해 보일지라도 여러분 마음속 씨앗을 깨우는 데에 아주 중요한 일들을 차근차근 배워갈 거예요. 어렵지 않아요. 선생님이 가르쳤던 2학년 어린이들도 충분히 잘 해냈답니다.

어린이 여러분, 이제 꿈의 씨앗을 깨울 준비가 되었나요? 꾸준히 노력하는 모든 어린이들은 씨앗이 깨어나는 소리를 반드시 들을 거예요. 선생님과 함께 씨앗을 깨우러 떠나볼까요?

 부모님들께 전하는 이야기

독서와 글쓰기로 공부 잘하는 진짜 힘을 키워주세요

저는 초등학교에서 16년 동안 교사로 지내면서 참으로 다양한 아이들과 부모님을 만났습니다. 수학 좋아하는 아이, 책 좋아하는 아이, 공부보다 친구가 좋다는 아이, 곤충 좋아하는 아이, 교과서 가득 만화를 그리던 아이, 자동차 장난감만 갖고 놀던 아이, 선장이 되고 싶다던 아이, 피아노 치는 걸 좋아하는 아이……. 참 많은 아이들을 만났죠.

이 가운데 쉬는 시간이면 제 머리를 땋아주던 여학생이 있었습니다. 6학년을 담임할 때 만난 이 아이는 제 머리를 틀어올려줬다가, 두 갈래로 땋았다가 하면서 쾌활하게 웃으며 말하곤 했습니다.

"선생님, 저는 머리 만지는 게 너무 좋아요."

"나중에 미용실 차리면 선생님은 싸게 해줄 거야?"

"많이는 아니고, 10퍼센트만 깎아 드릴게요."

눈이 동그랗고 사랑스러운 아이였습니다.

시간이 훌쩍 흘러 아이를 다시 만났습니다. 놀랍게도 어느 미용실에서였습니다. 아이는 미용실에서 보조로 일하는 중이었습니다. 제 머리를 감겨주면서 하는 말이, 대학에서 미용을 전공했는데 경험을 쌓으러 서울로 가야겠다고 하더군요.

그 뒤 아이는 정말로 미용실 원장님이 됐습니다. 눈이 동그랗고 사랑스럽던 아이는 이제 서른 살입니다. 덕분에 제 머리는 늘 제자의 작품입니다.

 **꿈의 씨앗을 품은 아이는 힘이 세다**

이 아이만 그럴까요. 자동차 장난감만 갖고 놀던 아이는 전문 자동차 정비사가 되었고 수학을 좋아하던 아이는 한국과학영재학교에 갔습니다. 공부보다 친구가 좋다던 아이는 자동차 딜러가 되어 회사에서 신인판매왕을 거머쥐었고, 선장이 되고 싶다던 아이는 일등항해사가 되어 원양어선을 타고 오대양 육대주를 누비고 있습니다.

이런 예는 셀 수 없이 많습니다. 이것은 아이들이 가슴에 저마다 꿈의 씨앗을 품었기에 가능했던 일입니다. 누구나 꿈의 씨앗을 품고 잊지 않고 돌보다 보면 반드시 그 꿈이 현실이 되는 날이 옵니다. 저도 그랬습니다.

"저희들한테 항상 나는 작가가 될 거야, 하시더니 선생님은 정말 꿈을 이루셨네요."

요즘 제자들을 만나면 늘 듣는 말입니다. 맞습니다. 제 꿈은 작가였습니다. 고등학생 때는 무협지 작가가 꿈이었고, 교대에 가서는 소설가가 꿈이었습니다. 교사의 길을 선택했지만 마음 한구석에서는 언제나 작가가 되고 싶었습니다. 그랬던 제가 책을 쓰는 진짜 작가가 된 것은 서른 하고도 일곱 살 때입니다.

포기하지 않고 꾸준히 노력하면 누구나 꿈을 이룬다는 단순한 말을 하는 게 아닙니다. 저는 이렇게 해야 꿈을 현실로 만드는지 잘 몰랐기 때문에 꿈을 이루기까지 오래 걸렸습니다. 하지만 우리 아이들이 저처럼 꿈을 이루는 데 그리 오래 걸릴 필요가 있을까요?

당연히 아닙니다. 아이가 가슴에 꿈의 씨앗을 품었다면 그 씨앗을 돌보고 가꾸는 일을 가르쳐주어야 합니다. 처음에는 그저 잠자고 있는 작은 씨앗일지 모릅니다. 하지만 꾸준히 돌보면 언젠가 반드시 커다란 나무로 자라납니다. 꼭 기억해 주세요. 꿈이 있는 아이가 꿈을 이룬답니다.

 **우리 아이가 배워야 할 진짜 공부, 독서와 글쓰기**

제가 만났던 많은 아이들 가운데 공부를 잘하는 아이도 많았지만 공부가 어렵다는 아이도 많았습니다. 교사는 잘하는 아이는 더 잘하게, 못하는 아이는 자신감을 갖게 도와주는 일을 합니다. 하지만 아무리 열정적인 교사여도 좀처럼 끌어올리기 힘든 경우가 있습니다. 바로 일찌감치 공부를 포기해 버린 아이들입니다.

초등학생도 공부를 포기하냐고요? 물론입니다. 아이들은 머리가 나빠서, 공부를 안 해봐서, 그 과목은 유난히 재미없어서 같은 이유로 공부를 손에서 놔버리곤 했습니다. 표현은 달라도 아이들이 하고 싶은 말은 똑같습니다.

"공부에 자신이 없어요."

아이들에게 자신감을 심어주려면 도대체 어떻게 공부해야 할까요? 특별한 방법이 있을까요? 과연 어떤 공부여야 아이들이 지루하지 않게, 재미있게 즐기면서 공부할 수 있을까요?

저는 이 답이 독서와 글쓰기에 있다고 믿습니다. 당장 코앞에 닥친 시험을 잘 보기 위한 독서와 글쓰기라면 그건 독서와 글쓰기의 힘을 너무 얕잡아 본 것입니다. 독서와 글쓰기는 정말로 그 힘이 무궁무진하며, 어떻게 활용하느냐에 따라 천하를 손에 쥘 힘이 되기도 합니다. 천하를 얻었던 모든 인물을 떠올려 보세요. 그들 곁에는 언제나 책과 펜이 있었습니다.

독서와 글쓰기는 단순히 시험만 잘 보게 해주는 게 아닙니다. 독서와 글쓰기는 삶을 바꾸고 미래를 설계해 가기 위해 아이가 반드시 키우고 돌봐야 할 꿈 씨앗의 밑거름입니다. 거름을 충분히 주고 잘 돌본 나무가 가을에 얼마나 탐스러운 열매를 맺는지 잘 아실 겁니다. 우리 아이들의 삶이 풍요롭고 지혜로워지기 위해서는 독서와 글쓰기가 가까운 친구가 되어야 합니다.

독서는 아이가 인간과 세상을 폭넓게 바라보는 시각을 키워줍니다. 아이는 책을 읽으면서 한 번도 가본 적 없는 낯선 나라에 가보기도 하고, 경험하지 못한 새로운 삶과 이야기들에 빠져들기도 합니다. 독서는 아이가 상상력을 기르고 창의성과 아이디어가 샘솟도록 도와주지요.

글쓰기는 체계적이면서도 논리적인 사고를 깊게 할 수 있는 가장 좋은 방법입니다. 자신의 생각을 가장 논리적으로 표현하는 방법이기에 글을 꾸준히 쓰면 삶을 성찰하고 되새김질하면서 인생을 가꿔가는 데에 크게 도움이 됩니다.

 ## 어른들보다 쉽고 빨리 글쓰기를 배우는 아이들

안타깝지만 쓰기 교육은 대한민국 교육에서 가장 취약한 부분이기도 합니다. 해외 선진국과 달리 우리는 성인이 될 때까지 체계적인 글쓰기 교육을 받을 일이 거의 없습니다.

만약 국어 시간에 배운 것만으로 글을 잘 쓸 수 있다면 우리 주변은 작가로 넘쳐나겠지요. 하지만 현실은 그렇지 않습니다. 오히려 보고서 한 장 쓰기도 어려워 쩔쩔매는 성인들로 가득하죠.

참으로 다행스러운 것은 아이들이 어른보다 글쓰기를 쉽게 그리고 빨리 배운다는 것입니다. 아이는 존재 자체로 이미 이야기이니까요. 아이들이 하는 입말과 이야기들을 잘 정리만 해도 훌륭한 이야기가 몇 편은 만들어질 겁니다. 아이가 어릴 때 툭툭 던지는 독특하고 재미있는 말들을 그냥 버리지 마시고, 앞으로는 이 알짜공책 구석에라도 꼭 메모해 두셨으면 좋겠습니다.

처음에는 단어 하나여도 좋습니다. 단어가 곧 문장이 되고 긴 글이 될 겁니다. 이 책에 독서와 글쓰기가 아이의 친구가 될 수 있는 다양한 장치들을 배치해 두었습니다. 많은 아이들이 이미 효과를 거둔 활동들이니 마음 편히 믿고 시작하셔도 좋습니다. 가정에서, 교실에서 마음껏 활용해 보시길 바랍니다.

 **아이와 함께 오늘부터 시작하기**

우리 아이가 잘 해낼 수 있을지 걱정되시나요? 걱정 마세요. 잘할 수 있습니다. 저는 저학년부터 고학년에 이르기까지 수많은 아이들이 스스로 자신의 습관을 바로잡아가는 모습을 보았답니다.

『초등 알짜공책』은 적어도 두 달 이상은 꾸준히 실천해야 합니다. 씨앗편에도 중간중간 아이가 지칠 시기마다 '성효쌤의 응원' 코너를 넣었습니다. 하지만 아이 곁에서 지친 아이를 사랑으로 일으켜 세울 분은 언제나 부모님이십니다. 아이가 끝까지 해낼 수 있도록 부모님께서 관심을 갖고 꼭 함께해 주세요.

가장 좋은 것은 부모님께서 이 책에 나오는 내용들을 함께 해보시는 겁니다. 이왕이면 아이 곁에서 미뤄왔던 외국어 공부도 해보시고, 짧은 글도 써보세요. 부모님과 함께하는 도전이라면 아이가 더욱 즐거워할 겁니다.

알짜공책은 아이들이 어릴 때부터 꼭 익혀야 할 공부 방법과 습관들을 갖추도록 하기 위해 만들어졌습니다. 독서를 균형 있게 하기 위한 독서 체크리스트, 배운 내용을 효과적으로 익히기 위한 학습일지 쓰기, 스스로 습관을 만들어갈 수 있도록 하는 셀프 학습 체크리스트 등 오랫동안 저희 교실에서 학부모님들에게 뜨겁게 사랑받았던 핵심 비법들만 추렸습니다.

  책은 크게 '씨앗, 꽃, 나무 그리고 열매' 네 단계로 구성돼 있습니다. 각 단계마다 활동 내용을 조금씩 심화시켰습니다. 아이의 상황에 따라 씨앗편을 끝낸 다음 바로 꽃편으로 넘어가도 되고 씨앗편을 한 번 더 하셔도 좋습니다. 일 년 열두 달 꾸준히 책대로 따라 하면 가랑비에 옷 젖듯이 좋은 습관이 저절로 몸에 배게 됩니다. 책마다 조금씩 내용이 달라서 아이 수준이나 필요에 따라 활용하실 수도 있습니다.

  습관은 그 무엇보다 힘이 셉니다. 고운 말하기부터 독서와 글쓰기, 미루지 않는 학습 습관까지, 모두 아이가 어릴 때 길러주셔야 합니다.

  그럼 이 모든 것을 언제부터 시작해야 할까요? 맞습니다. 오늘부터입니다. 오늘부터 아이의 삶을 아이 스스로 꾸려가도록 도와주세요. 이 책이 우리 아이들을 당당하고 멋진 삶으로 인도하길 마음 깊이 기도합니다.

2020년 봄
김성효

나는 어떤 씨앗을 품고 있을까?

내 가슴속에 잠들어 있는 꿈의 씨앗은 무엇일까요?
꿈의 씨앗을 그림으로 그리거나 글로 써보세요.

차례

알짜공책 씨앗편, 이렇게 활용하세요 2

어린이들에게 전하는 이야기 4

부모님들께 전하는 이야기 8

나는 어떤 씨앗을 품고 있을까? 14

내 손으로 만드는 황금 습관 달력 16

셀프 학습 체크리스트 20

  ㄴ 성효샘, 질문 있어요! 22

자형 연습하기 44

황금 문장 찾기 50

연꽃기법으로 글감 찾기 80

학습일지 쓰기 102

  ㄴ 성효샘, 질문 있어요! 104

독서 체크리스트 136

씨앗편과 함께한 어린이 여러분을 칭찬합니다 142

내 손으로 만드는 황금 습관 달력 ____월

일	월	화	수	목	금	토

달력을 멋지게 꾸미고 알짜공책을 어떻게 작성해 나갈지 학습 계획을 세워보세요.

1~4주 목표 세우기

1주	____ 일부터 ____ 일까지 예) 자형 연습 완료하기(46~49쪽), 황금 문장 4개 찾기(52~55쪽) 등
2주	____ 일부터 ____ 일까지
3주	____ 일부터 ____ 일까지
4주	____ 일부터 ____ 일까지

알짜공책을 시작한 1주부터 4주까지의 계획을 세워보세요.
계획은 구체적인 숫자로 작성해야 한답니다.

내 손으로 만드는 황금 습관 달력 _____월

일	월	화	수	목	금	토

처음 한 달을 멋지게 완료했다면
이번 달도 힘차게 계획을 세워볼까요?

5~8주 목표 세우기

5주	____ 일부터 ____ 일까지
6주	____ 일부터 ____ 일까지
7주	____ 일부터 ____ 일까지
8주	____ 일부터 ____ 일까지

꾸준히 계획을 세우고 학습해 나간다면 8주 후 알짜공책 한 권을 완성하게 됩니다. 책을 읽고 글을 쓰는 게 이제 더 이상 어렵지 않지요? 부모님과 성효샘이 여러분을 항상 응원합니다.

셀프 학습 체크리스트

1 씨앗편에서는 셀프 학습 체크리스트의 항목을 세 가지로 구성했습니다. 먼저 한두 가지의 활동으로 시작해서 하나씩 늘리는 방법을 추천합니다. 독서와 글쓰기를 기본으로, 나머지는 생활 습관, 공부, 외국어 등 원하는 항목으로 자유롭게 채워보세요.

2 스스로 계획을 세우고 실천하는 것 못지않게, 계획을 잘 실천했는지 돌아보고 반성하는 것도 중요합니다. 매일매일 체크하고, 한 주가 끝나면 일주일 동안의 활동을 확인하고 스스로 돌아보는 시간을 가지세요.

3 부모님 확인란에는 아이들을 위한 격려의 한마디를 넣어주세요. 아이들이 성취감을 느낄 수 있습니다.

4 알짜공책 한 권에 두 달 분량의 셀프 학습 체크리스트가 담겨 있습니다. 두 달이 지나고 씨앗 단계의 셀프 학습 체크리스트를 모두 완성하면 습관을 만들 준비가 끝난 것입니다.

셀프 학습 체크리스트는 학생이 스스로 계획을 세우고 지키는 것입니다. 몇 달만 꾸준히 해도 독서와 운동, 공부 모두 좋은 습관으로 만들 수 있습니다.

자, 시작해 볼까요?

예시

(◎ : 아주 잘했어요, ○ : 잘했어요, X : 미처 못했어요)

	월 3월 2일	나의 확인	화 3월 3일	나의 확인	수 3월 4일	나의 확인
독서	나의 라임 오렌지 나무 18~25쪽 읽기	◎	나의 라임 오렌지 나무 26~35쪽 읽기	◎	나의 라임 오렌지 나무 36~60쪽 읽기	◎
글쓰기	책 읽고 황금 문장 1개 찾기	◎	책 읽고 황금 문장 2개 찾기	○	책 읽고 황금 문장 3개 찾기	○

💬 구체적인 숫자로 계획을 세워야 해요!

	목 3월 5일	나의 확인	금 3월 6일	나의 확인	이번 주 나의 반성	부모님의 격려와 사인
독서	나의 라임 오렌지 나무 나머지 다 읽기	◎	도서관에서 책 빌려오기 (2권)	X	도서관에서 책을 못 빌려 왔다. 다음엔 잘 챙겨야지.	우리 지연이 이번 주에 황금 문장을 열심히 찾았구나. 어떤 문장이 지연이 가슴속에 남을지 궁금하네. ^^
글쓰기	황금 문장 2개 찾기	○	황금 문장으로 엽서 만들기	◎		

성효샘, 질문 있어요!

Q 셀프 학습 체크리스트를 처음 쓰는 아이는 어떻게 지도해야 할까요?

A 처음부터 모든 영역에 도전하지 말고, 아이가 평소에 좋아하는 영역부터 시작해 보세요.

그동안 해본 적 없었던 '계획 세우고 지키기'를 꾸준히 실천하는 것은 쉬운 일이 아닙니다. 셀프 학습 체크리스트를 처음 시작할 때는 활동에 익숙해질 때까지 한 가지 영역에만 도전하는 게 좋습니다. 아이가 좋아하고 쉽게 도전해 볼 만한 영역 하나만 먼저 시작해 보세요.

운동을 좋아하는 아이라면 한 주에 월, 수, 금 세 번 정도 운동 계획만 세우고 지키게 하세요. 처음에는 계획을 세우고 지킨 것에만 집중해서 칭찬하고 격려해 주세요. 이렇게 한 가지 영역을 2주 이상 실천하고 익숙해지면 다른 영역을 하나 더 추가하세요. 운동 계획을 잘 지켰으면 그다음은 독서를 추가하는 것이죠.

마찬가지로 두 가지 영역을 2주 이상 지속하고 익숙해지면 그다음은 또 다른 영역을 추가하면 됩니다. 이런 식으로 하나씩 하나씩 접근하면 셀프 학습 체크리스트로 활용할 수 있는 영역들이 서서히 늘어납니다.

아이가 매일 잠들기 전에 체크하게 해주세요. 일주일 동안 얼마나 계획을 잘 지켰는지 주말에 함께 이야기를 나누고 격려해 주세요. 계획을 못 지켰다고 야단하는 것보다는 아이가 끈기 있게 해나갈 수 있도록 칭찬하는 게 중요합니다.

Q 셀프 학습 체크리스트로 생활 습관을 지도하고 싶어요.

A 필요하다고 생각하는 습관을 기록해 보게 하세요.

	월	확인	화	확인	수	확인
공부						
운동						
게임 줄이기	5:00~5:30 (30분)	◎	5:40~6:00 (20분)	◎	5:30~6:00 (30분)	×
가방 정리		◎		◎		◎
양치하기		○		◎		◎

독서, 운동, 공부 말고도 아이가 평소에 꼭 실천했으면 좋겠다고 생각하는 습관들이 있으시지요? 예를 들면 자기 전에 양치하기, 욕 안 하기, 게임 시간 줄이기, 가방 정리하기처럼 말이에요. 실제로 한 학부모님이 셀프 학습 체크리스트 양식에 생활 습관 영역을 추가해서 지도한 사례가 있습니다. 물론 결과는 성공이었죠.

셀프 학습 체크리스트 마지막 칸을 여러 줄로 나눠서 자유롭게 활용해 보세요. 어떤 습관이든 바로잡을 수 있습니다. 아이에게 길러주고 싶은 바른 생활 습관을 기록하고, 매일 체크하게 하세요. 예를 들어 게임 시간 줄이기에 도전한다면 실제 게임한 시간을 기록하게 하고 전날보다 줄었으면 ◎, 전날과 같으면 ○, 전보다 늘었으면 × 표시를 하게 합니다. 잠자리에 들기 바로 전에 체크하는 게 가장 효과적입니다.

생활 습관을 지도하실 때도 공부나 독서를 지도할 때와 마찬가지로 칭찬과 격려를 아낌없이 해주셔야 합니다. 계획을 세우고 지키는 일은 어른에게도 어려운 일이랍니다. 아이들이 하루하루 자신과의 약속을 지켜나가는 일은 크게 칭찬받아야 할 일이지요.

"내 삶의 주인공은 나입니다."

	나의 학인		
수 월—일—			
나의 학인			
화 월—일—			
나의 학인			
목 월—일—			
	독서	글쓰기	——

🌱 빈칸에 공부, 운동 등 원하는 항목을 넣어주세요.

나의 확인

◎ : 아주 잘했어요, ○ : 잘했어요, X : 미처 못했어요

단원평가로 확인하기	예비 중학 영어	내용 확인	듣기 · 말하기	내용 확인	읽기 · 쓰기	
						독서
						쓰기

셀프 학습 체크리스트 | 25

"나는 세상을 이롭게 합니다."

	월 ——일			
	나의 활동			
	화 ——일			
	나의 활동			
	수 ——일			
	나의 활동			
		독서	쓰기	

🌱 빈칸에 운동, 공부 등 원하는 항목을 넣어주세요.

나의 확인

◎ : 아주 잘했어요, ○ : 잘했어요, X : 미치지 못했어요

목 월__일	나의 확인	금 월__일	나의 확인	이번 주 나와의 약속	부모님의 격려와 사인
독서					
글쓰기					

"나에게는 좋은 습관을 키워가는 힘이 있습니다."

	확인		확인
월 ―일 ―요일			
나의 확인			
화 ―일 ―요일			
나의 확인			
수 ―일 ―요일			
나의 확인			
	독서	글쓰기	

빈칸에 운동, 꿈 꿈 등 원하는 항목을 넣어주세요.

28 씨앗편

월 ——일			나의 확인	주변인의 반성	부모님의 격려와 사인
독서					
글쓰기					

나의 확인

◎ : 아주 잘했어요, ○ : 잘했어요, X : 미처 못했어요

셀프 학습 체크리스트 | 29

"나는 누구보다 당당하고 멋집니다."

	월 — 일		
확인			
월			
확인			
화			
확인			
수			
확인			
	독서	끌쓰기	———

빈칸에 꾸준히 행하는 항목과 일을 넣어주세요.

나의 확인

◎ : 아주 잘했어요, ○ : 잘했어요, X : 미처 못했어요

독서	글쓰기		묶음(월 — 일)	나의 확인	묶음(월 — 일)	나의 확인	생활 속에서	부모님과 격려의 사인

셀프 학습 체크리스트 | 31

도전 셀프 학습 체크리스트, 한 달!

셀프 학습 체크리스트를 시작한 지 한 달이 되었어요.
스스로의 모습을 셀프 학습 체크리스트를 시작하기 전과 비교해 보세요.
어떤 점이 달라졌나요?
좋았던 점과 아쉬웠던 점을 이야기해 보세요.

 좋았던 점은 무엇인가요?

예) 손톱 물어뜯기를 고치고 싶었는데, 잘 지켜서 이제는 거의 손톱을 물어뜯지 않게 됐다…등

 아쉬웠던 점은 무엇인가요?

예) 독서를 꾸준히 못 한 날이 가끔 있었다. 앞으로는 잘 지켜야겠다…등

"나는 자신과의 약속을 잘 지키는 멋진 사람입니다!"

 부모님, 칭찬해 주세요!

예) 사랑하는 우리 건욱아, 셀프 학습 체크리스트를 지킨 덕분에 좋은 습관이 생긴 것 같아. 고생했어. 다음 달도 힘내!

한 달을 끝냈으니 두 달째는 더욱 쉬울 겁니다.
습관의 힘은 천하무적이니까요.
다음 달도 힘차게 시작해 봐요!

"좋은 습관은 더 나은 미래를 열어줍니다."

월 __월__일			
나의 확인			
화 __월__일			
나의 확인			
수 __월__일			
나의 확인			
	독서	글쓰기	

빈칸에는 곧 등을 원하는 행동을 넣어주세요.

34 씨앗편

나의 확인

◎ : 아주 잘했어요, ○ : 잘했어요, X : 미처 못했어요

부모님의 격려와 사인	이번 주 한 일	나의 확인	금 월 일 ― 일	나의 확인	목 월 일 ― 일	
						독서
						글쓰기

셀프 학습 체크리스트 | 35

"나는 내 삶의 주인입니다."

월 _일—일_	나의확인			
화 _일—일_	나의확인			
수 _일—일_	나의확인			
목요일				
	독서	쓰기		

※ 기타에는 운동, 심부름 등 원하는 항목을 넣어주세요.

목 월__일	나의 확인	금 월__일	나의 확인	이번 주 나의 반성	부모님의 격려와 사인
독서					
글쓰기					

나의 확인
◎ : 아주 잘했어요, ○ : 잘했어요, X : 미처 못했어요

셀프 학습 체크리스트 | 37

"나는 자신과 한 약속을 잘 지킵니다."

나의 확인			
월 ——월——			
나의 확인			
화 ——월——			
나의 확인			
수 ——월——			
나의 확인			
	독서	글쓰기	——

빈칸에 공부, 운동 등 원하는 항목을 넣어주세요.

38 씨앗편

나의 확인

◎ : 아주 잘했어요, ○ : 잘했어요, X : 미처 못했어요

결과 확인 부모님의 한 말씀	이번 주 잘한 점	나의 확인	듣 (월—일)	나의 확인	주 (월—일)
					독서
					글쓰기

셀프 학습 체크리스트 | 39

"나는 성실하고 꾸준하게 내 삶을 꾸려갑니다."

나의 확인			
수 월—일			
나의 확인			
화 월—일			
나의 확인			
월 월—일			
	독서		
	쓰기		

빈칸에 운동, 독서 등 꾸준히 하는 행동을 적어 넣어주세요.

40 씨앗편

셀프 학습 체크리스트

나의 확인
◎ : 아주 잘했어요, ○ : 잘했어요, X : 미처 못했어요

월 일 — 월 일	낱말	일 확인	월 일 — 월 일	낱말	일 확인	이번 주 목표	공부하려고 노력한 시간
독서							
글쓰기							

도전 셀프 학습 체크리스트, 두 달!

셀프 학습 체크리스트와 함께한 시간이 어느덧 두 달이 되었어요. 그동안 스스로의 모습을 돌아보고 칭찬하고 싶은 점과 아쉬웠던 점을 써보세요.

칭찬하고 싶은 점은 무엇인가요?

아쉬웠던 점은 무엇인가요?

 **부모님, 칭찬해 주세요!**

 **성효샘의 응원 한마디**

습관을 기른다는 것은 쉬운 일이 아니에요. 하지만 셀프 학습 체크리스트를 두 달이나 지켜낸 여러분은 그만큼 진짜 공부에 한 걸음 더 다가선 것이에요. 여러분을 뜨겁게 응원합니다.

자형 연습하기

아직 고유한 글씨체가 없는 저학년 아이는 글씨를 교정하기가 가장 쉽습니다. 저학년뿐 아니라 성인 조차도 정확한 원리만 알면 혼자 몇 번 연습하는 것으로도 얼마든지 글씨가 예뻐집니다.

1 반듯하게 허리를 펴고 앉습니다. 엎드려서 쓰거나 턱을 괴는 것이 습관이 되면 쉽게 안 고쳐집니다.

2 교과서 글씨는 ◇, ◁, △, □ 로 자형을 나눌 수 있습니다. 글씨에 커다란 도형 틀을 덮는 것과 같습니다.

3  저, 가, 얘, 야 같은 글자들은 기울인 세모형(◁)이 어울립니다. 자음은 작고, 모음은 길고 가느다랗습니다.

4  부, 규, 손, 음 같은 글자들은 마름모형(◇)이 어울립니다. 다른 글자처럼 자음은 작고, 모음은 길고 가느다랗습니다.

5  소, 고, 호 같은 글자는 바른 세모형(△)과 어울립니다.

6 난, 넌, 임, 양, 경 같은 글자는 네모형(□) 글자입니다.

글씨를 교정할 때는 국어과 쓰기 교과서 글씨를 기준 삼아 연습해야 합니다. 교과서 글씨는 누가 봐도 알아보기 쉽고, 가독성이 좋아서 잘 읽힙니다. 교과서 글씨를 본보기 삼아 연습하게 하세요.

예시

1. 쉬운 글자 쓰기

    소나무

2. 글자와 어울리는 도형 짝꿍 찾기

3. 도형에 어울리는 낱말 채워 넣기

        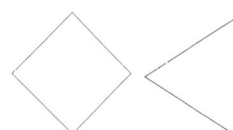

이름으로 자형 연습하기 ◁△◇□

- 내 이름 쓰기

  예) 서지우

- 내 이름 글자와 어울리는 도형 짝꿍을 찾아 도형 안에 이름 쓰기

  예)

- 가족 이름 쓰기

- 가족 이름과 어울리는 도형 짝꿍을 찾아 도형 안에 이름 쓰기

낱말로 자형 연습하기

- 도형에 어울리는 낱말 채워 넣기

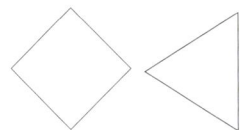   

- 직접 도형을 그리고 낱말 쓰기

- 부모님과 아이가 함께하는 자형 퀴즈

아이(엄마·아빠)가 그린 도형을 보고 엄마·아빠(아이)가 알맞은 자형으로 된 낱말을 찾아 넣어주세요.

아이가 그린 도형

엄마·아빠가 그린 도형

예쁜 자형으로 원고지에 글 써보기

● 좋아하는 책의 문장을 필사해 보세요.

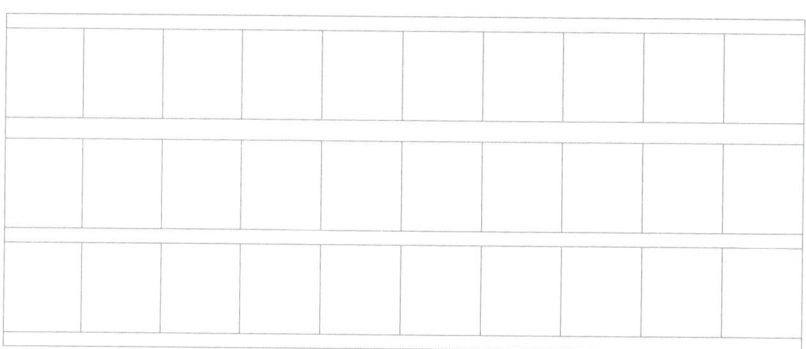

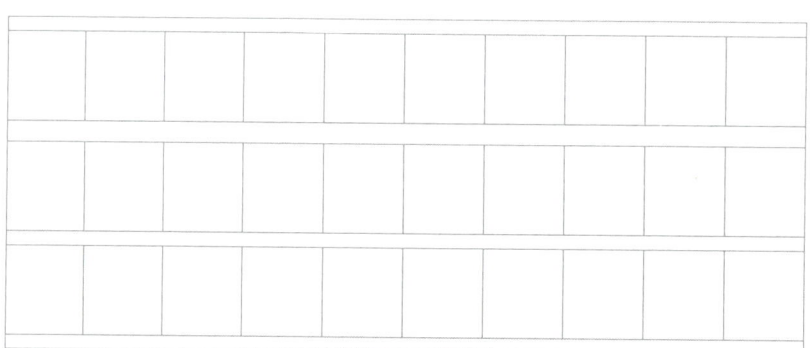

예쁜 자형으로 짧은 글 써보기

● 오늘 썼던 일기를 예쁜 글씨로 다시 써보세요.

1

2

황금 문장 찾기

1 황금 문장 찾기를 연습해 두면 다른 모든 글에서 핵심이 되는 문장을 짚어낼 수 있습니다. 익숙해지면 어떤 글을 읽어도 주제 문장과 뒷받침 문장을 한눈에 알아볼 수 있습니다.

2 소설이나 창작동화도 마찬가지입니다. 아이들이 책을 읽는 동안 어떤 장면이 가장 인상 깊었는지 말해 보는 지도가 반드시 뒤따라야 합니다. 특별히 인상 깊게 묘사된 장면이나 주인공의 대사, 표정, 행동 등에서 강조된 부분이 황금 문장일 가능성이 큽니다.

3 부모님이 함께 책을 읽어주세요. 아이 혼자 읽으면 아이가 황금 문장을 잘 찾은 것인지 부모님이 잘 모르기 때문입니다. 아이와 부모님이 각자 따로 황금 문장을 찾고, 서로 찾은 황금 문장에 대해서 이야기를 나눠보세요.

4 처음에 책 한 권을 다 읽고 황금 문장을 찾는 것이 힘들다면 읽은 부분에서만 황금 문장을 찾길 추천합니다. 오늘 10쪽에서 30쪽까지 읽었다면 그 안에서 황금 문장을 찾아 기록해 보세요. 다음 날은 31쪽부터 50쪽까지 읽고 찾으면 됩니다.

책을 깊이 이해하는 힘을 기르려면 책을 읽으면서 가장 생각이 많이 든 어느 한 지점을 찾아내야 합니다. 책에서 가장 핵심이 되는 지점, 작가의 생각을 대변하는 한 문장을 찾아내는 겁니다. 저는 그것을 '황금 문장'이라고 부릅니다.

예시

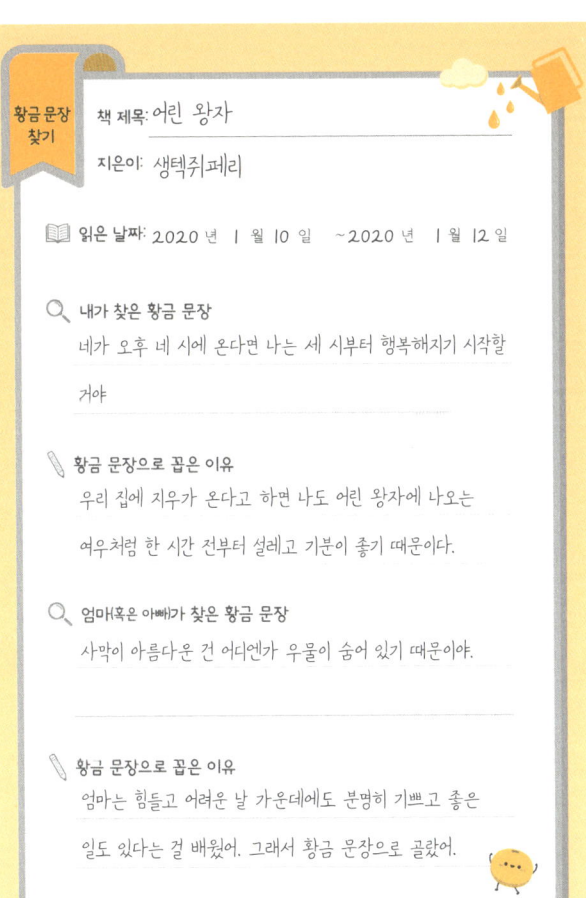

황금 문장 찾기

책 제목: 어린 왕자

지은이: 생텍쥐페리

읽은 날짜: 2020년 1월 10일 ~ 2020년 1월 12일

🔍 내가 찾은 황금 문장
네가 오후 네 시에 온다면 나는 세 시부터 행복해지기 시작할 거야

✏️ 황금 문장으로 꼽은 이유
우리 집에 지우가 온다고 하면 나도 어린 왕자에 나오는 여우처럼 한 시간 전부터 설레고 기분이 좋기 때문이다.

🔍 엄마 혹은 아빠가 찾은 황금 문장
사막이 아름다운 건 어디엔가 우물이 숨어 있기 때문이야.

✏️ 황금 문장으로 꼽은 이유
엄마는 힘들고 어려운 날 가운데에도 분명히 기쁘고 좋은 일도 있다는 걸 배웠어. 그래서 황금 문장으로 골랐어.

황금 문장 찾기 1

책 제목: _____

지은이: _____

📖 읽은 날짜:　　년　월　일　~　　년　월　일

🔍 내가 찾은 황금 문장

_____
_____
_____

✏️ 황금 문장으로 꼽은 이유

_____
_____
_____

🔍 엄마(혹은 아빠)가 찾은 황금 문장

_____
_____
_____

✏️ 황금 문장으로 꼽은 이유

_____
_____

황금 문장 찾기 2

책 제목: _____

지은이: _____

📖 읽은 날짜:　　년　월　일　~　　년　월　일

🔍 내가 찾은 황금 문장

_____
_____

✏️ 황금 문장으로 꼽은 이유

_____
_____

🔍 엄마(혹은 아빠)가 찾은 황금 문장

_____
_____

✏️ 황금 문장으로 꼽은 이유

_____
_____

황금 문장 찾기 3

책 제목: _____

지은이: _____

📖 **읽은 날짜:**   년   월   일 ~   년   월   일

🔍 **내가 찾은 황금 문장**

_____

_____

✏️ **황금 문장으로 꼽은 이유**

_____

_____

🔍 **엄마(혹은 아빠)가 찾은 황금 문장**

_____

_____

✏️ **황금 문장으로 꼽은 이유**

_____

_____

황금 문장 찾기 4

책 제목: _____

지은이: _____

📖 읽은 날짜: 년   월   일 ~   년   월   일

🔍 내가 찾은 황금 문장

✏️ 황금 문장으로 꼽은 이유

🔍 엄마(혹은 아빠)가 찾은 황금 문장

✏️ 황금 문장으로 꼽은 이유

황금 문장 찾기 5

책 제목: _____

지은이: _____

📖 읽은 날짜: 년   월   일 ~   년   월   일

🔍 내가 찾은 황금 문장
_____
_____
_____

✏️ 황금 문장으로 꼽은 이유
_____
_____
_____

🔍 엄마(혹은 아빠)가 찾은 황금 문장
_____
_____
_____

✏️ 황금 문장으로 꼽은 이유
_____
_____
_____

황금 문장 찾기 6

책 제목: _____

지은이: _____

📖 읽은 날짜: 년   월   일 ~   년   월   일

🔍 내가 찾은 황금 문장

_____
_____

✏️ 황금 문장으로 꼽은 이유

_____
_____

🔍 엄마(혹은 아빠)가 찾은 황금 문장

_____
_____

✏️ 황금 문장으로 꼽은 이유

_____
_____

황금 문장 찾기 7

책 제목: _____

지은이: _____

📖 읽은 날짜: 년   월   일 ~   년   월   일

🔍 내가 찾은 황금 문장

_____
_____

✏️ 황금 문장으로 꼽은 이유

_____
_____

🔍 엄마(혹은 아빠)가 찾은 황금 문장

_____
_____

✏️ 황금 문장으로 꼽은 이유

_____
_____

황금 문장 찾기 8

책 제목: _____

지은이: _____

📖 읽은 날짜: 　년　월　일 ~ 　년　월　일

🔍 내가 찾은 황금 문장

_____

_____

✏️ 황금 문장으로 꼽은 이유

_____

_____

🔍 엄마(혹은 아빠)가 찾은 황금 문장

_____

_____

✏️ 황금 문장으로 꼽은 이유

_____

_____

황금 문장 찾기 9

책 제목: _____

지은이: _____

📖 읽은 날짜: 년   월   일 ~   년   월   일

🔍 내가 찾은 황금 문장

_____
_____

✏️ 황금 문장으로 꼽은 이유

_____
_____

🔍 엄마(혹은 아빠)가 찾은 황금 문장

_____
_____

✏️ 황금 문장으로 꼽은 이유

_____

황금 문장 찾기 10

책 제목: _____

지은이: _____

📖 **읽은 날짜:**　　년　월　일　~　　년　월　일

🔍 **내가 찾은 황금 문장**

_____
_____

✏️ **황금 문장으로 꼽은 이유**

_____
_____

🔍 **엄마(혹은 아빠)가 찾은 황금 문장**

_____
_____

✏️ **황금 문장으로 꼽은 이유**

_____
_____

황금 문장 찾기 11

책 제목: _____

지은이: _____

📖 **읽은 날짜:**   년   월   일 ~   년   월   일

🔍 **내가 찾은 황금 문장**

_____

_____

✏️ **황금 문장으로 꼽은 이유**

_____

_____

🔍 **엄마(혹은 아빠)가 찾은 황금 문장**

_____

_____

✏️ **황금 문장으로 꼽은 이유**

_____

황금 문장 찾기 12

책 제목: _____

지은이: _____

📖 읽은 날짜: 년   월   일 ~   년   월   일

🔍 내가 찾은 황금 문장

_____

_____

✏️ 황금 문장으로 꼽은 이유

_____

_____

🔍 엄마(혹은 아빠)가 찾은 황금 문장

_____

_____

✏️ 황금 문장으로 꼽은 이유

_____

_____

황금 문장 찾기 13

책 제목: _____

지은이: _____

📖 읽은 날짜: 년   월   일 ~   년   월   일

🔍 내가 찾은 황금 문장

_____
_____

✏️ 황금 문장으로 꼽은 이유

_____
_____

🔍 엄마(혹은 아빠)가 찾은 황금 문장

_____
_____

✏️ 황금 문장으로 꼽은 이유

_____

황금 문장 찾기 14

책 제목: _____

지은이: _____

📖 **읽은 날짜:**　　　년　월　일　~　　　년　월　일

🔍 **내가 찾은 황금 문장**

_____
_____

✏️ **황금 문장으로 꼽은 이유**

_____
_____

🔍 **엄마(혹은 아빠)가 찾은 황금 문장**

_____
_____

✏️ **황금 문장으로 꼽은 이유**

_____
_____

황금 문장 찾기 15

책 제목: _____

지은이: _____

📖 **읽은 날짜:**　　년　월　일　~　　년　월　일

🔍 **내가 찾은 황금 문장**

_____

_____

✏️ **황금 문장으로 꼽은 이유**

_____

_____

🔍 **엄마(혹은 아빠)가 찾은 황금 문장**

_____

_____

✏️ **황금 문장으로 꼽은 이유**

_____

_____

황금 문장 찾기 16

책 제목: _____

지은이: _____

📖 읽은 날짜:　　　년　월　일 ~ 　　년　월　일

🔍 내가 찾은 황금 문장

_____
_____

✏️ 황금 문장으로 꼽은 이유

_____
_____

🔍 엄마(혹은 아빠)가 찾은 황금 문장

_____
_____

✏️ 황금 문장으로 꼽은 이유

_____

황금 문장 찾기 17

책 제목:

지은이:

📖 읽은 날짜: 년   월   일 ~   년   월   일

🔍 내가 찾은 황금 문장

✏️ 황금 문장으로 꼽은 이유

🔍 엄마(혹은 아빠)가 찾은 황금 문장

✏️ 황금 문장으로 꼽은 이유

황금 문장 찾기 18

책 제목: _____

지은이: _____

📖 읽은 날짜: 년   월   일 ~   년   월   일

🔍 내가 찾은 황금 문장

_____
_____

✏️ 황금 문장으로 꼽은 이유

_____
_____

🔍 엄마(혹은 아빠)가 찾은 황금 문장

_____
_____

✏️ 황금 문장으로 꼽은 이유

_____
_____

황금 문장 찾기 19

책 제목: _____

지은이: _____

📖 읽은 날짜: 년   월   일 ~   년   월   일

🔍 내가 찾은 황금 문장

✏️ 황금 문장으로 꼽은 이유

🔍 엄마(혹은 아빠)가 찾은 황금 문장

✏️ 황금 문장으로 꼽은 이유

황금 문장 찾기 20

책 제목: _____

지은이: _____

📖 읽은 날짜:　　년　월　일　~　　년　월　일

🔍 내가 찾은 황금 문장

_____
_____

✏️ 황금 문장으로 꼽은 이유

_____
_____

🔍 엄마(혹은 아빠)가 찾은 황금 문장

_____
_____

✏️ 황금 문장으로 꼽은 이유

_____

황금 문장 찾기 21

책 제목: _____

지은이: _____

📖 읽은 날짜:　　　년　　월　　일　~　　　년　　월　　일

🔍 내가 찾은 황금 문장

_____

_____

✏️ 황금 문장으로 꼽은 이유

_____

_____

🔍 엄마(혹은 아빠)가 찾은 황금 문장

_____

_____

✏️ 황금 문장으로 꼽은 이유

_____

_____

황금 문장 찾기 22

책 제목: _____

지은이: _____

📖 읽은 날짜: 년   월   일   ~   년   월   일

🔍 내가 찾은 황금 문장

_____
_____

✏️ 황금 문장으로 꼽은 이유

_____
_____

🔍 엄마(혹은 아빠)가 찾은 황금 문장

_____
_____

✏️ 황금 문장으로 꼽은 이유

_____
_____

황금 문장 찾기 23

책 제목: _____

지은이: _____

📖 읽은 날짜: 년   월   일 ~   년   월   일

🔍 내가 찾은 황금 문장

_____

_____

✏️ 황금 문장으로 꼽은 이유

_____

_____

🔍 엄마(혹은 아빠)가 찾은 황금 문장

_____

_____

✏️ 황금 문장으로 꼽은 이유

_____

_____

황금 문장 찾기 24

책 제목: _____

지은이: _____

 읽은 날짜:　　　년　　월　　일　~　　　년　　월　　일

🔍 내가 찾은 황금 문장

_____

_____

✏️ 황금 문장으로 꼽은 이유

_____

_____

🔍 엄마(혹은 아빠)가 찾은 황금 문장

_____

_____

✏️ 황금 문장으로 꼽은 이유

_____

_____

황금 문장 찾기 25

책 제목: _____

지은이: _____

📖 읽은 날짜: 년   월   일 ~   년   월   일

🔍 내가 찾은 황금 문장

_____
_____
_____

✏️ 황금 문장으로 꼽은 이유

_____
_____
_____

🔍 엄마(혹은 아빠)가 찾은 황금 문장

_____
_____
_____

✏️ 황금 문장으로 꼽은 이유

_____
_____

황금 문장 찾기 26

책 제목: _____

지은이: _____

📖 읽은 날짜: 년 월 일 ~   년 월 일

🔍 내가 찾은 황금 문장

_____
_____
_____

✏️ 황금 문장으로 꼽은 이유

_____
_____
_____

🔍 엄마(혹은 아빠)가 찾은 황금 문장

_____
_____
_____

✏️ 황금 문장으로 꼽은 이유

_____
_____

황금 문장 찾기 27

책 제목: _____

지은이: _____

📖 읽은 날짜: 년   월   일 ~   년   월   일

🔍 내가 찾은 황금 문장

_____
_____

✏️ 황금 문장으로 꼽은 이유

_____
_____

🔍 엄마(혹은 아빠)가 찾은 황금 문장

_____
_____

✏️ 황금 문장으로 꼽은 이유

_____
_____

황금 문장 찾기 28

책 제목: _____

지은이: _____

📖 읽은 날짜: 년   월   일 ~   년   월   일

🔍 내가 찾은 황금 문장

_____
_____
_____

✏️ 황금 문장으로 꼽은 이유

_____
_____
_____

🔍 엄마(혹은 아빠)가 찾은 황금 문장

_____
_____
_____

✏️ 황금 문장으로 꼽은 이유

_____
_____
_____

연꽃기법으로 글감 찾기

1. 주제를 생각합니다.
   예: 학교

2. 주제를 가운데 칸에 쓰고, 주제와 관련해서 생각나는 글감을 나머지 칸에 낱말로 씁니다. 글로 쓰고 싶은 글감에 동그라미 표시합니다.

①
수업	친구	공부
우리 반	학교	선생님
쉬는 시간	책	급식

3. 고른 글감을 새로운 3×3 칸 가운데에 쓰고, 글감과 관련한 이야기를 문장으로 씁니다. 쓰고 싶은 이야기를 골라 동그라미 표시를 합니다.

②
친구가 준비물을 빌려줬다	친구가 우리집에 놀러왔다	친구가 나쁜 말을 했다
친구가 싫을때도 있다	친구	베스트프렌드랑 달리기를 했다
친구는 나랑 노는걸 좋아한다	친구랑 싸웠다	친구랑 같이 놀았다

주제만 보고 곧장 글을 쓰라고 하면 어렵습니다. 크고 추상적인 주제를 작고 구체적인 내 이야기인 글감으로 가져오는 과정을 거쳐야 합니다.
아이디어를 확산하는 방법인 연꽃기법을 활용하면 좋아하는 글감을 찾아서 쉽게 글을 쓸 수 있습니다.
- 『초등공부, 독서로 시작해 글쓰기로 끝내라』 중에서

4. 3번의 과정을 한 번 더 반복해 좀 더 구체적인 문장을 씁니다.

친구와 화해했다	친구가 게임에서 졌다	친구가 자기가 이겼다고 우겼다
친구가 나에게 놀자고 했다	친구랑 싸웠다	친구가 도망쳤다
학교에서 친구에게 편지를 썼다	집으로 돌아가서 후회를 했다	교실로 돌아가서 다시 놀자고 했다

5. 쓴 문장을 순서대로 나열해 짧은 글을 만듭니다.

예시

제목: 친구랑 싸웠다

친구가 나에게 놀자고 했다. 같이 게임을 했는데, 친구가 게임에서 졌다. 그런데 자기가 이겼다고 우기더니 도망쳐 버렸다. 저녁에 집으로 돌아와서 친구와 싸운 것을 후회했다. 다음 날 학교에서 친구에게 편지를 썼다. 교실로 가서 친구에게 편지를 주고 다시 놀자고 했다. 결국 친구와 화해했다.

연꽃기법 글쓰기 1   _____년 ___월 ___일

어떤 주제를 잡아야 할지 고민인 부모님과 아이들을 위해 주제 예시 세 가지를 준비했습니다. 연꽃기법을 이용해 주어진 주제에서 구체적인 글감을 찾아보세요.

	가족	

★ 제목: _____

연꽃기법 글쓰기 2

_____년____월____일

두 번째 주제는 '학교'입니다. 학교와 관련해 떠오르는 글감을 찾아 적어보세요.

	학교	

★ 제목: _____

_____

_____

_____

_____

_____

_____

연꽃기법 글쓰기 3   _____년 ____월 ____일

마지막 예시 주제는 '여행'입니다. 여행을 생각하면 무엇이 떠오르나요?

	여행	

★ 제목: _____

연꽃기법으로 글감 찾기 | 87

연꽃기법 글쓰기 4 　　　　　년　　월　　일

지금부터는 자유롭게 주제를 정하고 글감을 찾아보세요. 평소에 관심 있는 소식, 주변 인물, 일상 등을 주제로 정하면 글쓰기가 한층 더 쉽고 재미있어집니다.

★ 제목:

연꽃기법으로 글감 찾기

연꽃기법 글쓰기 5 _____년 ____월 ____일

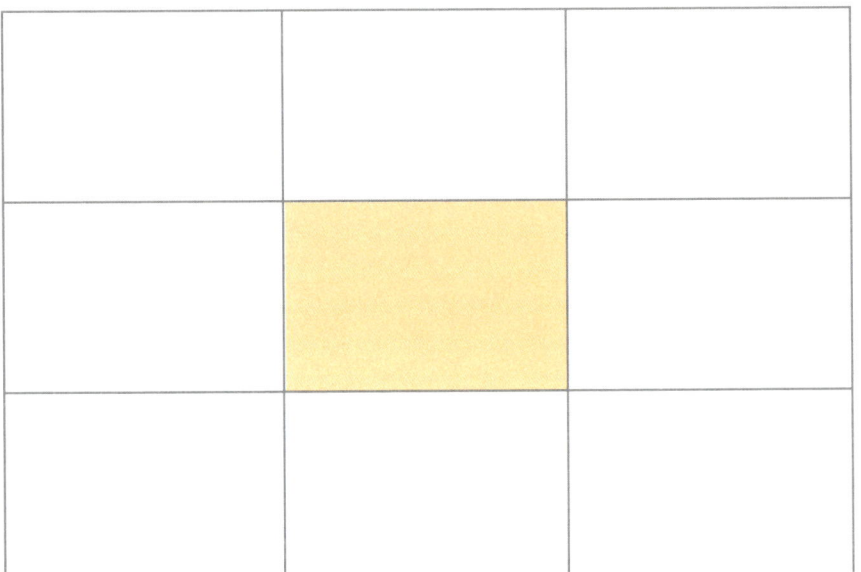

★ 제목: _____

연꽃기법으로 글감 찾기

연꽃기법 글쓰기 6 _____년 ____월 ____일

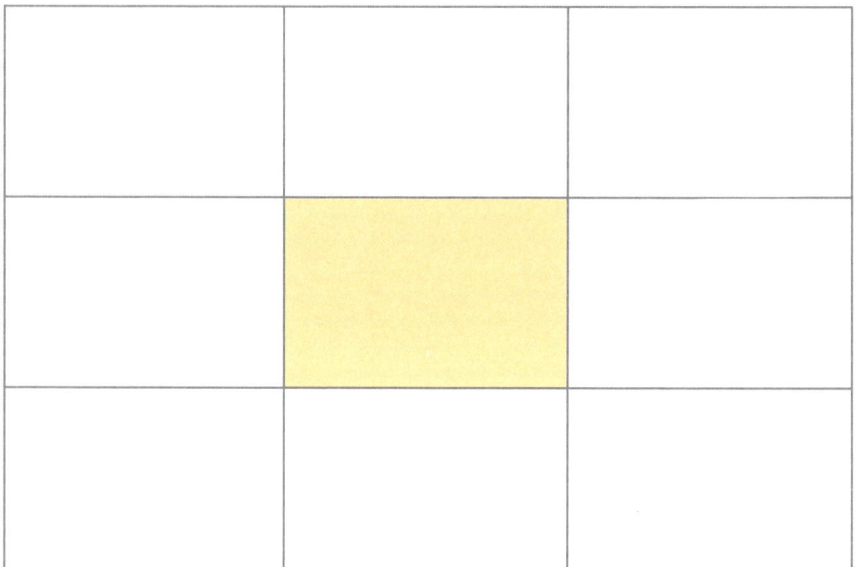

★ 제목:

연꽃기법으로 글감 찾기 | 93

🪷 연꽃기법 글쓰기 7 　　____년 ____월 ____일

★ 제목: _____

연꽃기법으로 글감 찾기

연꽃기법 글쓰기 8   _____년 ____월 ____일

★ 제목: _____

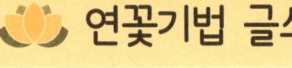 연꽃기법 글쓰기 9 　　　년　　월　　일

★ 제목:

연꽃기법 글쓰기 10 _____년 ____월 ____일

★ 제목: _____

연꽃기법으로 글감 찾기

학습일지 쓰기

학습일지는 수업 시간에 배웠던 내용을 떠올리면서 쓰는 일종의 공부 일기입니다. 처음엔 하루에 하나만 도전해 보고, 익숙해지면 서서히 여러 과목으로 늘려가세요.

학습 내용
선생님과 수업 시간에 공부한 내용을 짤막하게 정리합니다. 정리할 때는 번호를 매기면서 씁니다. 배운 내용을 짜임새 있게 구조화하는 요령을 배우는 것입니다.

핵심 개념어
수업 시간에 궁금했거나 새로 알게 된 개념어를 기호를 붙여서 정리합니다.

학습일지
수업 시간에 배운 내용을 돌이켜보면서 공부한 내용, 새로 알게 된 것, 궁금했거나 더 알아보고 싶은 질문거리, 오늘의 내 수업 태도까지 써보게 하세요. 수업 태도는 점수로 매기게 합니다. 예를 들어 '수업 시간에 태도가 좋지 않았던 것 같아서 오늘 내 수업 태도는 70점이다', '질문도 많이 하고 수업 준비도 잘 해갔다. 내 수업 태도는 90점이다'처럼 씁니다. 이런 피드백을 스스로 할 줄 알아야 수업에 참여하는 태도가 좋아집니다.

퀴즈
배운 것 중 가장 중요한 내용으로 ○× 퀴즈나 단답형 퀴즈를 냅니다. 단원이 끝나면 이 퀴즈들만 모아서 스피드 퀴즈로 복습할 수 있습니다.

아이들 혼자서도 얼마든지 공책 정리를 하고, 학습일지도 잘 쓸 수 있습니다. 초등학교 저학년은 물론이고 고등학생도 오늘 배우면 내일 바로 활용할 수 있습니다. 한 번만 잘 배워두면 두고두고 보물로 남습니다.

예시

학습 내용	핵심 개념어
9/17일 학: 살기 좋은 촌락과 도시를 만드는 방법	
살기 좋은 촌락과 도시의 모습 만들기	촌락
① 내가 사는 고장의 모습을 떠올리기+ 내가사는 고장은	어촌, 농촌, 산지촌과 같이
② 살기 좋은 촌락이나 도시의 모습을 (촌락과 도시 공에어디인가?) 생각한다.	자연환경을 주로 이용하여 사는 곳을 촌락이라고 한다.
③ 살기 좋은 촌락과 도시는 어떤 모습일지 친구들과 서로 이야기 한다.	
④ 살기 좋은 촌락이나 도시의 모습을 여러 가지 준비물을 이용하여 표현한다.	
예) 역할극하기, 만화, 그리기, 신문 만들기.	

학습일지	퀴즈
오늘은 사회시간에서 살기 좋은 촌락과 도시를 만드는 방법을 배웠다. 방법은 내가 사는 고장의 모습을 떠올리고, 살기 좋은 촌락이나 도시의 모습을 생각한다. 그리고 살기 좋은 촌락과 도시의 모습은 어떨지 친구들과 이야기해보고, 살기 좋은 촌락이나 도시의 모습을 여러가지 준비물을 이용하여 표현한다. 수업 태도 수업 진행할 때 집중을 많이 하지 않아서 50점 만점에 50점이다.	살기 좋은 촌락과 도시를 만든 방법이 아닌 것은? (2) 1. 내가 사는 고장의 모습을 생각한다. 2. 위생사진을 살펴본다.

성효샘, 질문 있어요!

Q 글씨 쓰기를 싫어하는 남학생도 공책 정리를 할 수 있을까요?
A 분량은 중요하지 않아요. 꼭 기억해야 할 내용만 쓰면 됩니다.

 글씨를 잘 못 쓰는 남학생들은 공책 정리를 해본 적이 없거나 글씨 쓰는 일 자체를 귀찮아하기도 합니다. 이렇게 글씨 쓰는 것을 좋아하지 않는 경우는 분량이 아닌 내용에만 집중해서 쓰는 게 좋습니다. 그림으로 그려 글을 대신하게 하고, 꼭 필요한 내용만 글로 쓰게 하는 것이죠. 그림을 그리는 것도 서툴다면 문제집이나 책에 있는 사진을 오려서 붙이거나 스티커를 활용하면 됩니다.

Q 학습일지와 일기는 어떻게 다른가요?
A 학습일지는 공부에 초점을 둔 일기라고 생각하면 됩니다.

 학습일지는 공부 일기입니다. 수업 시간에 배웠던 내용을 일기 쓰듯이 되새김질하는 방식이죠. 학습일지를 썼다면 그날은 다른 일기를 따로 쓰지 않아도 괜찮습니다. 수업한 내용으로 이미 일기를 쓴 셈이니까요. 보통 학생들이 쓰는 일기는 그날 있었던 일이나 사건에 초점을 둡니다.
 "오늘은 감기에 걸려서 몸이 아팠다. 내가 많이 지쳐 있어서 엄마가 맛있는 음식을 해주셨다. 오늘은 아팠지만 그래도 엄마가 맛있는 음식을 해주고 잘 돌봐주셔서 기분이 좋았다."
 이렇게 그날에 있었던 사건과 관련된 기록이지요. 반면 학습일지는 수업 시간에 있었던 학습과 관련한 내용만 씁니다.
 "사회 시간에 촌락과 도시의 차이가 무엇인지 배웠다. 촌락과 도시는 이러이러한 차이점이 있는데, 곰곰 생각해 보니 내가 사는 곳은 촌락이다. 수업 시간에 선생님이 질문하실 때마다 손을 열심히 들고 발표했다. 수업 태도는 100점이다."

Q 공책을 한 번도 안 써본 학생은 어떻게 하지요?

A 처음에는 꼭 기억해야 할 단어 위주로 정리해서 공책과 친해지게 하세요.

공책을 처음 써보는 아이들은 먼저 단어를 써보게 하세요. 그 시간에 가장 중요하다고 생각되는 단어들만 써보게 하는 것입니다. 예를 들어 사회 수업 시간에 흥선대원군의 쇄국정책과 관련된 내용을 배웠다면 그 시간에 선생님이 가장 중요하다고 강조해서 설명한 단어들이 있겠지요. 절대 잊어버리면 안 될 핵심 단어를 열 개만 고르고 중요한 순서대로 별표를 다섯 개까지 매겨보게 하세요.

근대화 ★

흥선대원군 ★★★

척화비 ★★★★★

⋮

이때 별점을 가장 많이 준 단어는 말로 설명할 수 있어야 합니다. 그만큼 선생님이 중요하다고 강조했을 테니까요. 이 단어들만이라도 잊어버리지 않게 정리하도록 하는 겁니다. 처음에는 이렇게 단어 위주로 정리하면서 공책과 친해지게 하는 게 중요합니다.

공책과 친해지면 그다음은 학습 내용을 구조화해서 정리하게 하는 것입니다. 이때 '구조화'는 번호를 매기면서 쓰는 걸 말합니다. 수업 시간에 꼭 기억해야 할 세 가지가 있다면 ①, ②, ③처럼 번호를 매겨가면서 쓰되 한 줄에 하나씩 짤막하게 쓰게 하세요.

많은 분량을 처음부터 쓰게 하는 것보다 수업의 핵심 내용을 아이가 잘 이해하도록 도와주는 게 더 중요합니다. 꾸준히 쓰다 보면 분량도 서서히 늘게 되고, 공책을 정리하는 일도 점점 쉬워진답니다.

📖 학습 내용 (___사회___ 과목)	✏️ 핵심 개념어
날짜: 2020년 3월 12일 목요일	
예) (학습 목표) 한국의 명절에 대해 알아보자.	핵심 개념어는 수업 시간에 배운 꼭 기억해야 할 중요 단어들을 말해요.
1. 명절	
우리나라 사람들이 기념해서 쉬는 날	
2. 명절의 종류	❗ 정월: 음력 1월
① 추석	
② 설날	꼭 기억해야 할 새로운 단어를 세 개씩 써보세요.
③ 단오	
④ 정월 대보름	
	❓ 궁금했던 것
❓①※ 등 기호는 얼마든지 다른 기호를 만들어서 쓸 수 있어요. 나만의 기호를 만들어보세요.	❗ 새로 알게 된 단어
	※ 중요해서 잊어버리면 안 되는 내용

📖 학습일지

오늘은 수업 시간에 명절에 대해서 배웠다.

명절은 설날, 추석, 단오, 정월대보름이 있다.

수업 시간에 다른 날은 다 쉬는데 왜 대보름은 안 쉬는 것인지 궁금했다.

오늘 내 수업 태도는 90점이다. 태도도 바르고 설명도 잘 들었기 때문이다.

> 수업 태도를 스스로 돌아보고 피드백하는 일이 가장 중요해요.

❓ 퀴즈

Q. 다음 중 명절이 아닌 것은?

① 정월 대보름   ② 설날

③ 단오   ④ 추석

⑤ 크리스마스   답 : ⑤ 크리스마스

> 수업 시간에 배운 내용으로 퀴즈를 만들어보세요.

📖 학습 내용 (_____ 과목)	✏️ 핵심 개념어
날짜: 년 월 일 요일	

📖 학습일지

❓ 퀴즈

📖 학습 내용 (_____ 과목)	✏️ 핵심 개념어
날짜: 년 월 일 요일	

📖 학습일지

❓ 퀴즈

📖 학습 내용 (_____ 과목)	✏️ 핵심 개념어
날짜: 년 월 일 요일	

📖 학습일지

❓Q 퀴즈

📖 학습 내용 (_____ 과목)	✏️ 핵심 개념어
날짜: 년 월 일 요일	

📖 학습일지

❓ 퀴즈

📖 학습 내용 (_____ 과목)	✏️ 핵심 개념어
날짜: 년 월 일 요일	

📖 학습일지

❓Q 퀴즈

📖 학습 내용 (_____ 과목)	✏️ 핵심 개념어
날짜: 년 월 일 요일	

📖 학습일지

❓Q 퀴즈

📖 학습 내용 (_____ 과목)	✏️ 핵심 개념어
날짜: 년 월 일 요일	

📖 학습일지

❓ 퀴즈

📖 학습 내용 (_____ 과목)	✏️ 핵심 개념어
날짜: 년 월 일 요일	

학습일지

퀴즈

📖 학습 내용 (_____ 과목)	✏️ 핵심 개념어
날짜: 년 월 일 요일	

📖 학습일지

❓ 퀴즈

📖 학습 내용 (_____ 과목)	✏️ 핵심 개념어
날짜: 년 월 일 요일	

📖 학습일지

❓ 퀴즈

📖 학습 내용 (_____ 과목)	✏️ 핵심 개념어
날짜: 년 월 일 요일	

학습일지

퀴즈

| 📖 학습 내용 (_____ 과목) | ✏️ 핵심 개념어 |

날짜: 년   월   일   요일

📖 학습일지

❓Q 퀴즈

📖 학습 내용 (_____ 과목)	✏️ 핵심 개념어
날짜: 년 월 일 요일	

📖 학습일지

❓ 퀴즈

📖 학습 내용 (_____ 과목)	✏️ 핵심 개념어
날짜: 년 월 일 요일	

📖 학습일지

❓ 퀴즈

독서 체크리스트

1 씨앗 단계에서는 총 다섯 분야의 책을 각 6권씩 골고루 읽을 수 있도록 구성했습니다. 가장 아래 칸에 책 분야를 넣어주세요. 아이가 좋아하는 책 분야 3개, 부모님이 읽히고 싶은 책 분야 2개를 넣으시길 추천합니다.

2 아이와 함께 분야마다 금액을 정하면 더 재미있게 체크리스트를 채울 수 있습니다. 좋아하지 않는 분야는 금액을 높게, 좋아하는 분야는 낮게 매깁니다. 예를 들어 과학 분야가 500원이고, 이 분야의 책을 다섯 권 읽으면 2,500원이 적립됩니다. 일정 시간이 지나면 모은 돈으로 아이와 서점 데이트를 합니다.

3 한 장을 다 채워야 뒷장으로 넘어갑니다. 학습만화는 체크리스트 세로 한 줄을 다 채우면 한 권을 읽는 식으로 제한해 주세요.

4 독서 체크리스트는 셀프 학습 체크리스트와 병행하면 효과가 더욱 큽니다. 독서량이 부족한 아이는 셀프 학습 체크리스트와 함께 지도하고, 한 분야 책만 읽어서 걱정이 되는 아이라면 독서 체크리스트만 활용해도 됩니다.

독서가 습관이 되려면 다양하게 많은 책을 읽어야 합니다. 독서 체크리스트를 쓰면 한 분야에 치우치던 독서에 균형이 잡힙니다. 습관이 되면 나중에는 체크리스트가 없어도 이것저것 가리지 않고 잘 읽게 됩니다.

5
독서 체크리스트는 한 장씩 잘라서 잘 보이도록 냉장고 등에 붙여놓고 사용해 보세요.

예시

내 마음에 고르게 물을 주는 　김동운　 의 독서 체크리스트

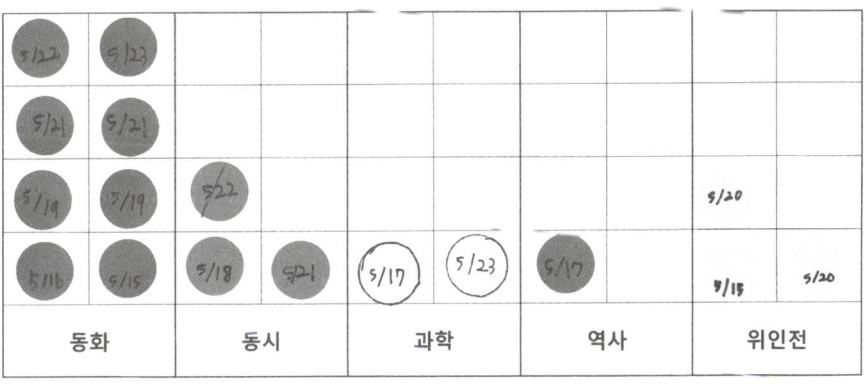

동화	동시	과학	역사	위인전	

● 엄마·아빠의 응원 한마디 : 　우리 동운이가 다양한 책들을 읽고 체크리스트를 멋지게
　　　　　　　　　　　　　완성할 수 있도록 응원해!

내 마음에 고르게 물을 주는 _____ 의 독서 체크리스트

도전 30권!

엄마·아빠의 응원 한마디:

내 마음에 고르게 물을 주는 ──── 이 독서 체크리스트

도전 60권!

맘음·아빠의 응원 한마디:

독서 체크리스트 | 139

이 독서 체크리스트 도전 90권!

내 마음에 고르게 물을 주는

엄마·아빠의 응원 한마디:

내 마음에 고르게 물을 주는 _____의 독서 체크리스트

도전 120권!

맘·이 아빠에게 한 줄 아뢰기:

씨앗편과 함께한 어린이 여러분을 칭찬합니다

알짜공책과 두 달을 함께한 어린이 여러분을 크게 칭찬합니다. 스스로 돌아보고, 어떤 활동을 가장 재미있고 성실하게 해냈는지 자신의 점수를 별점으로 매겨보세요.

예시

셀프 학습 체크리스트
★★★★☆
이유: 빼놓지 않고 성실하게 잘했다.

학습일지 쓰기
★★★☆☆
이유: 사회 한 과목만 썼기 때문이다.
다음에는 다른 과목도 써봐야겠다.

 셀프 학습 체크리스트

이유:

 자형 연습하기

이유:

 황금 문장 찾기

이유:

연꽃기법으로 글감 찾기 ☆☆☆☆☆

이유:

학습일지 쓰기 ☆☆☆☆☆

이유:

독서 체크리스트 ☆☆☆☆☆

이유:

가장 재미있었던 활동은?

다음에 더 열심히 해야 하는 활동은?

어린이 여러분, 우리 꽃편에서 만나요!

씨앗편과 함께한 어린이 여러분을 칭찬합니다 | 143

공부 자신감을 키워주는
초등 알짜공책
씨앗편

초판 1쇄 2020년 3월 25일
초판 3쇄 2020년 10월 11일

지은이 | 김성효
펴낸이 | 송영석

주간 | 이혜진
기획편집 | 박신애 · 김단비 · 심슬기 · 김다정
외서기획편집 | 정혜경
디자인 | 박윤정 **외주 디자인** | 송승희
마케팅 | 이종우 · 김유종 · 한승민
관리 | 송우석 · 황규성 · 전지연 · 채경민

펴낸곳 | (株)해냄출판사
등록번호 | 제10-229호
등록일자 | 1988년 5월 11일(설립일자 | 1983년 6월 24일)

04042 서울시 마포구 잔다리로 30 해냄빌딩 5·6층
대표전화 | 326-1600 **팩스** | 326-1624
홈페이지 | www.hainaim.com

ISBN 978-89-6574-991-2
ISBN 978-89-6574-990-5 (세트)

파본은 본사나 구입하신 서점에서 교환하여 드립니다.

이 도서의 국립중앙도서관 출판예정도서목록(CIP)은 서지정보유통지원시스템 홈페이지(http://seoji.nl.go.kr)와 국가자료공동목록시스템(http://www.nl.go.kr/kolisnet)에서 이용하실 수 있습니다.(CIP제어번호: CIP2020008303)

『초등 알짜공책』 미션 스티커

1 '챌린지' 스티커를 원하는 곳에 붙여놓고 두 달의 도전을 체크해 보세요.

2 씨앗편, 꽃편, 나무편, 열매편에는 황금열쇠 스티커가 한 개씩 있어요. 황금열쇠 스티커를 모두 모아서 보물지도를 완성하고 미션에 성공해 보세요.

 보물지도는 열매편에 있답니다.